BEI GRIN MACHT SICH IHR WISSEN BEZAHLT

AF301286

- Wir veröffentlichen Ihre Hausarbeit, Bachelor- und Masterarbeit

- Ihr eigenes eBook und Buch - weltweit in allen wichtigen Shops

- Verdienen Sie an jedem Verkauf

Jetzt bei www.GRIN.com hochladen und kostenlos publizieren

Michael Heina

"Der Einzige und sein Eigenheim" von Pierre Bourdieu unter besonderer Berücksichtigung der Habitus-Theorie

GRIN Verlag

Westfälische Wilhelms-Universität Münster

Institut für Soziologie

Wintersemester 2007 / 2008

Seminar: Einführung in die Wirtschaftssoziologie

Referatsausarbeitung zum Thema:

„Der Einzige und sein Eigenheim" von Pierre Bourdieu

Eine teilweise Darstellung unter Berücksichtigung der Habitus-

Theorie

Verfasser:
Michael Heina

1. Einleitung

„Der Einzige und sein Eigenheim" von Pierre Bourdieu ist eines seiner eher unbekannteren Werke. So lässt sich auch nur eine Rezension zu diesem Buch finden, was natürlich nur einen exemplarischen Wert hat, aber dennoch aufzeigt, dass Bourdieu in seiner Karriere wichtigere Forschungsansätze verfolgte. Aus eben jener Rezension geht hervor, dass das Buch

> in einer Reihe mit weiteren, in den letzten zwei Jahren erschienenen Titeln von Bourdieu wie ‚Das Elend der Welt', ‚Über das Fernsehen' und ‚Gegenfeuer' [steht], in denen er die Gesellschaft des Neoliberalismus beschreibt und in gesellschaftliche Auseinandersetzungen interveniert. (Villinger 1999)

Auf diese Buchreihe soll hier allerdings nicht eingegangen werden und sei deswegen nur exemplarisch erwähnt. Ziel dieser Arbeit ist es, die Parallelen zwischen dem „klassischen Bourdieu" mit seiner Habitus Theorie und seinem als Vorlage dienendem Spätwerk aufzuzeigen.

Dabei wird im 2. Kapitel „Der Einzige und sein Eigenheim" kurz vorgestellt. Zuerst wird die Intention Bourdieus, welche er mit der Veröffentlichung dieses Buches verfolgte, dargestellt, um eine Einordnung in sein Gesamtwerk zu schaffen. Anschließend werden die für diese Arbeit relevanten Kapitel zusammengefasst, da nur wenige Kapitel in diesem Buch für den weiteren Verlauf der vorliegenden Arbeit wesentlich sind.

Um die Entsprechungen zur Habitus-Theorie methodisch sinnvoll darstellen zu können, ist es notwendig diese in aller Kürze darzustellen. Das soll Thema des 3. Kapitels sein, in welchem anschließend der Hauptvergleich und die Suche nach den, und soviel sei vorweggenommen, wenigen Parallelen, vorgenommen wird.

Auf die wenigen Parallelen wird im Fazit noch als abschließende Betrachtung eingegangen.

2. Der Einzige und sein Eigenheim

In der Einleitung wurde bereits erwähnt, dass „Der Einzige und sein Eigenheim" ein eher unbekanntes Werk von Bourdieu ist. Es steht allerdings in direkter Verbindung zu seinem viel bekannteren Buch „Das Elend der Welt" aus dem Jahr 1997. So lassen sich dort weitergehende sowie eindringlichere Interviews und Berichte über die Situation von Hauskäufern finden, als es in dem vorliegenden Buch der Fall ist[1]. Warum wurde dieses Buch herausgegeben? Ist es nur eine Verwertung von Texten, die in den Sammelband keinen Einlass gefunden haben?

---

[1] Vgl. u.a. Bourdieu, Pierre (1992): Am seidenen Faden. in Bourdieu, Pierre et al. (1997): Das Elend der Welt. Zeugnisse und Diagnose alltäglichen Leidens an der Gesellschaft. S. 445 - 456

2.1. Überblick über die Intention des Buches

Mitnichten lässt sich hier als Antwort festhalten. Das Buch ist zwar unbekannt, hat dennoch eine eigenständige Daseinsberechtigung und lässt sich nur schwerlich mit dem Vorgänger vergleichen.

Während in „Das Elend der Welt" Schicksale aus allen Bereichen des Lebens dargelegt werden, ist die Intention Bourdieus hier, eine kritische Auseinandersetzung mit den sozialen Folgen anzuregen, welche im Zusammenhang mit dem Häuserkauf zu erwarten sind. Darauf wird in „Das Elend der Welt" auch eingegangen, und wie angedeutet, teils sogar eindringlicher. Allerdings werden hier die Untersuchungen um eine empirische Komponente bereichert und sind viel detaillierter dargestellt.

Für Bourdieu gilt es nicht nur die finanziellen Aspekte zu überdenken und zu bewerten, sondern auch eine soziale Komponente muss im Zusammenhang mit dem Erwerb von Eigentum betrachtet werden. Als Zielgruppe sollen aber nicht nur Käufer und Interessenten angesprochen werden, auch Stadtplaner, Soziologen, Architekten und Wohnungsbaupolitiker zählen zum Kreis der Adressaten. (vgl. Steinrücke/Schultheis 1998: S. 16)

2.2. Zusammenfassung der relevanten Kapitel

Indes sind die Kapitel mit denen sich diese Arbeit weitergehend beschäftigen wird scheinbar direkt an Käufer und Interessenten adressiert, da sie eher wenig Wohnungspolitisches beinhalten.

2.2.1. Ein Vertrag unter Zwang

In „Ein Vertrag unter Zwang" geht es um eine qualitative Untersuchung, wie mit dem Kunden umgegangen wird, wenn er ein Haus kaufen will. Dabei wurden verschiedene Immobilienunternehmen in verschiedenen Randgebieten von Paris bei Verkaufsgesprächen durch einerseits reale Käufer und andererseits Testkäufer aus dem Team von Bourdieu untersucht. Außerdem wurden Tiefeninterviews mit Verkäufern, Sekretärinnen, Verkaufstrainern etc. geführt.

Als Ziel der Untersuchung wird angegeben, die Struktur eines Verkaufsgesprächs zu ergründen. Da die Käuferschicht, durch die Umstellung der Finanzierung des Hauserwerbs (von z. B. Vererbung) auf Kreditzahlung, sehr stark vergrößert wurde, gilt es das Verkaufs- oder auch Kreditgespräch genauer zu untersuchen. (vgl. Steinrücke/Schultheis 1998: S. 9)

So dreht sich im Verlaufe des Gesprächs die Rollenverteilung zugunsten des Verkäufers, indem er durch ein vorgefertigtes Manuskript den Kunden zu seinen finanziellen Möglichkeiten befragte. (vgl. Bourdieu et al. 1998: S. 85 ff.) Zugleich lässt sich

> feststellen, dass das soziale Niveau der Verkäufer niedriger liegt bei den großen, industriellen Unternehmen, die die technisch und ästhetisch ärmlichsten Produkte anbieten und die am wenigsten kultivierte und begüterte Kundschaft haben. (ebd.: S. 109)

Es kann hier also von einer habituellen Annäherung an die Kundschaft gesprochen werden, auf welche in Kapitel 3 weiter eingegangen wird.

2.2.2. Der Eigentumssinn

Im Kapitel „Der Eigentumssinn" geht es vor allem um „die soziale Zusammensetzung der Wohneigentümer [...] und die Auswirkungen solcher Faktoren wie Ausmaß und Zusammensetzung von ökonomischen und kulturellem Kapital [...]." (Steinrücke/Schultheis 1998: S. 9f.) Zwar klingt dies nach dem „klassischen" Bourdieu, doch wird eher auf die Verteilung der verschiedenen Kapitalarten eingegangen, als den Habitus der Bewohner der neuen Eigenheimsiedlungen zu analysieren. Es überrascht nicht, dass das kulturelle Kapital praktisch keine sichtbaren Auswirkungen auf die Eigentümerquote innerhalb jeder sozialen Schicht hat, egal wie hoch das Einkommen auch sei. Entscheidend bleibt das ökonomische Kapital, auch wenn der Anteil an Hausbesitzern mit niedrigem Einkommen stark gestiegen ist. Bourdieu sieht das als eine Folge der Kreditfinanzierung an, die es beinahe jedem ermöglicht sein Eigenheim zu erwerben. (vgl. Bourdieu/de Saint Martin 1998: S. 147ff.)

Für den weiteren Verlauf der Arbeit können also die habituelle Annäherung und Angleichung der Verkäufer an den Kunden, sowie die Zusammensetzung innerhalb der entstehenden Neubausiedlungen und der Anteil an Eigenheimbesitzern aus niedrigeren Schichten in Kapitel 3 thematisiert werden.

3. Bourdieus Theorie des Habitus

Bevor mit den oben genannten Thesen weiter gearbeitet werden kann, muss zuerst die Begrifflichkeit „Habitus" geklärt werden. Im Verlauf der Arbeit wurde bereits von einer „habituellen Annäherung" der Verkäufer an die Käufer gesprochen. Doch was bedeutet habituell bzw. Habitus in diesem Zusammenhang? Und warum lassen sich die oben genannten Thesen dem „klassischen" Bourdieu zuordnen? Diesen Fragen soll im folgenden Kapitel nachgegangen werden.

3.1. Begriffsdefinition: Habitus

Der Begriff Habitus wurde nicht von Pierre Bourdieu selbst ins Leben gerufen, sondern er findet sich in der Philosophie, aber auch in der Soziologie. So etwa bei Émile Durkheim, bei Max Weber, Marcel Mauss und Norbert Elias. Doch erst Bourdieu hat ihm eine spezifische, systematische Bedeutung im Rahmen seiner Theorie von der sozialen Welt und der Theorie der Lebensstile gegeben. (vgl. Gebauer/Krais 2002)

Er bezeichnet Habitus als „Systeme dauerhafter Dispositionen, die als Erzeugungsprinzipien und zugleich Klassifikationssysteme individueller und kollektiver Praktiken wirksam sind." (Kocyba 2002: 211) Hierbei werden spezifische Konfigurationen von erworbenen Wahrnehmungs- und Handlungsschemata für das einzelne Individuum innerhalb eines beliebigen sozialen Systems inhärent, ohne das sich das Individuum selbst dieser Schemata bewusst wäre. Das bedeutet, dass das Individuum aufgrund seiner Herkunft einerseits bestimmte Handlungsmuster aufgenommen hat und diese seinerseits an andere Generationen weitergibt, sowie es sich andererseits von Inhabern anderer Habitusformen abzugrenzen und zu unterscheiden weiß. Bourdieu beschreibt dies folgendermaßen:

> Der Habitus ist nicht nur strukturierende, die Praxis wie deren Wahrnehmung organisierende Struktur, sondern auch strukturierte Struktur: das Prinzip der Teilung in logische Klassen, das der Wahrnehmung der sozialen Welt zugrunde liegt, ist seinerseits Produkt der Verinnerlichung der Teilung in soziale Klassen. (Bourdieu 2007b: 279)

Auch wenn die Theorie des Habitus weit über das Geschriebene hinausgeht, so ist der Begriff für diese Arbeit hinreichend exakt definiert und kann dementsprechend im Zusammenhang mit dem Eigenheim untersucht werden.[2]

3.2. Der Habitus im Zusammenhang mit dem Eigenheim

In der Zusammenfassung der relevanten Kapitel wurde deutlich, dass nur wenige Passagen aus dem Buch, abgesehen von den feldtheoretischen Ansätzen, dem klassischen Bourdieu zuordenbar sind. Es beschränkt sich genauer gesagt auf die schon häufiger angesprochene habituelle Annäherung der Verkäufer an den Käufer, sowie die Zusammensetzung innerhalb der entstehenden Neubausiedlungen und der Anteil an Eigenheimbesitzern aus niedrigeren Schichten.

Begonnen werden soll mit der Annäherung des Verkäufers an den Käufer. Warum ist das so entscheidend für einen Vertragsabschluss?

---

[2] Angedeutet aber nicht genauer angesprochen wurde in diesem Zusammenhang der opus operatum (strukturierte Produkte) und der rmodus operandi (strukturierende Struktur) des Habitus. Diese Begriffe sind für die Arbeit nicht weiter von Belang. Weitergehendes z.B. Bourdieu 2007b: 281 ff.

Wie in der Definition des Begriffs Habitus bereits angedeutet wurde, gibt es spezifische Konfigurationen von erworbenen Wahrnehmungs- und Handlungsschemata, die einem Mitglied jeder beliebigen Schicht zu Teil werden. Da ein Hauskauf für die meisten der Interessenten ein nicht geringes Risiko darstellt, „neigt der Käufer dazu, sich an alles zu klammern, was wie eine Garantie aussehen kann; er nimmt Zuflucht zu einem Vertrag globalen Vertrauens, der in der Lage ist, seine Angst zu bannen […]." (Bourdieu et al. 1998: 108) Hier genau kommt der Habitus beim Verkauf eines Hauses ins Spiel. Nicht nur das Suchen nach Garantien, sondern auch die „soziale Wesenverwandtschaft" (ebd.) zu einem Verkäufer aus der eigenen Schicht, gibt dem Käufer Rückhalt und simuliert ihm ein Gefühl der Sicherheit.

In Kapitel 2.2.1. wurde schon erwähnt, dass das soziale Niveau der Verkäufer niedriger liegt, je niedriger auch die Qualität der Häuser und damit die Schichtzugehörigkeit der Kunden ist. Bourdieu stellt hierzu fest, dass die Verkäufer eine strategische Stellung besetzen, weil größtenteils über sie eine Angleichung vom Kunden an das Produkt geschieht. Diese Angleichung geschieht selbstverständlich in beide vertikale Richtungen, also auch bei hohem sozialem Niveau, wird auf einen dementsprechenden Verkäufer geachtet. (vgl. ebd. S. 109) Der Vorteil eines aus derselben Schicht wie der Käufer stammenden Verkäufers liegt eben in den erworbenen Wahrnehmungs- und Handlungsschemata, die durch das erlernte Fachvokabular und die auswendig gelernten Manuskripte eines Verkaufsgesprächs ergänzt werden. Er „kann aber auch spontan die generativen Fähigkeiten seines Habitus ausnutzen, um eine persönliche Beziehung herzustellen […]." (ebd. S. 107 f.) Das ist genau dann der Fall, wenn der Verkäufer angeblich geheime Informationen unter der Hand mitteilt, obwohl das genau dem Kalkül des vorher festgelegten Manuskripts des Gesprächs entspricht und der Kunde nur durch das Wahrnehmen der gleichen Herkunft dieses für einen Vertrauensbeweis hält. (vgl. ebd. S. 107 f.) Für diesen Zusammenhang lässt sich also festhalten, dass der Habitus hier einerseits instrumentalisiert wird, andererseits aber auch dazu dient, dem Kunden zu seinem Haus zu verhelfen.

Da der steigende Anteil an Eigenheimbesitzern aus niedrigeren Schichten durch die Vereinfachung von Krediten immer höher wird, lässt sich eine starke Homogenisierung bestimmter Wohngegenden feststellen. Das schließt auch eine vermehrte „Verinselung" oder auch eine Verlagerung von Vierteln aus den Städten in die Vororte mit ein. Hierbei steht die Zusammensetzung innerhalb der entstehenden Neubausiedlungen im Mittelpunkt. (vgl Bourdieu/de Saint-Martin 1998: 131)

Ihrem Habitus entsprechend entscheiden sich die Interessenten für Häuser die ihnen einerseits gefallen und die sie sich andererseits auch leisten können. Es liegt auf der Hand, dass durch das Abzielen auf dieselbe Zielgruppe die meisten Wohnungsbaugesellschaften gleiche Modelle in ähnlich gearteten Neubausiedlungen anbieten. So können sich die höheren Schichten der Arbeiterklasse nur Besitz in ländlicher Umgebung oder in den Vororten der großen Städte leisten. Dementsprechend entsteht eine Homogenisierung innerhalb der Vororte. (vgl. ebd.: 151)

Habitus und Kapital spielen hier also eine entscheidende Rolle, das Kapital aber natürlich mehr als der Habitus. Bevor nun das Fazit diese Arbeit abschließt, muss noch erwähnt werden, dass die Rolle des Habitus in diesem Zusammenhang leider nicht deutlicher darstellbar ist. Bourdieu beschränkt sich auf die Darlegung von statistischen Daten und Zahlen, ohne auf die Lebensweisen und Habitusformen in diesem Zusammenhang weiter einzugehen.

4. Fazit

Vergleicht man nun das Geschriebene mit dem klassischen Bourdieu und seiner Habitus-Theorie, bleibt leider nicht viel zu konstatieren. Interessant an der Einzige und sein Eigenheim ist, dass ein Einfluss des Habitus auf das Kaufverhalten der Interessenten und das Vertrauensverhältnis zwischen eben jenen und den Verkäufern besteht. Leider stellt sich kein „Aha" - Effekt ein, sondern es wird mit Erkenntnissen umgegangen, die nicht überraschend sind. Genauer gesagt stellt sich dieser Effekt nur ein, als ein gewisses Ausnutzen des Habitus, und damit eine Beeinflussung des Kunden festgestellt wird. Viel weiter ausdifferenziert und präzisiert wird dieser Anfangsverdacht allerdings nicht. Da die Erkenntnisse ohnehin nicht überraschend sind, ist dieses auch nicht weiter schlimm.

Es wurde in der Einleitung bereits angedeutet und ist auch im Verlauf dieser Arbeit deutlich geworden, dass der Habitus kaum einen Platz im theoretischen Gebilde des Einzigen und sein Eigenheim erhält. Diese große Theorie wird hier nur am Rande und als Stückwerk miteinbezogen. Natürlich stehen bei diesem Buch die Analyse des ökonomischen Felds und die Wandlung der Eigentümerverhältnisse im Vordergrund. Dennoch hätte sich, grade beim Wandel der Eigentümerverhältnisse, eine Analyse eines etwaigen Wandels des Habitus angeboten. Ebenso wäre es interessant gewesen, die Homogenität der Lebensstile in den neu entstehenden Vororten zu untersuchen und damit auf eventuelle soziale Änderungen einzugehen.

Wie schon gesagt, viel bleibt von diesem Werk und der als „klassischer Bourdieu" bekannt geworden Habitus - Theorie nicht über.

Wie schon gesagt, viel bleibt von diesem Werk und der als „klassischer Bourdieu" bekannt geworden Habitus - Theorie nicht über.

Literaturverzeichnis

Bourdieu, Pierre et al. (1997h): Das Elend der Welt. Zeugnisse und Diagnose alltäglichen Leidens an der Gesellschaft. Konstanz

Bourdieu, Pierre et al. (1998): Ein Vertrag unter Zwang, in Bourdieu, Pierre (1998h): Der Eigene und sein Eigenheim. Hamburg, S. 84 - 129

Bourdieu, Pierre / de Saint Martin, Monique (1998): Der Eigentumssinn. Die soziale Genese von Präferenzsystemen, in Bourdieu, Pierre: Der Einzige und sein Eigenheim (1998h). Hamburg, S. 130 - 161

Bourdieu, Pierre (2007b): Die feinen Unterschiede. Kritik der gesellschaftlichen Unterschiede. Konstanz

Beate Krais, Gunter Gebauer (2002): Habitus. Bielefeld

Kocyba, Hermann (2002): Habitus, in Endruweit, Günther / Trommsdorf, Gisela (Hrsg.): Wörterbuch der Soziologie. Stuttgart, S. 211

Steinrücke, Margareta / Schultheis, Franz (1998): Vorwort, in Bourdieu, Pierre (1998h): Der Eigene und sein Eigenheim. Hamburg, S. 7 – 16

Villinger, Christoph (1999): Pierre Bourdieu: Der Eigene und sein Eigenheim. Bürgerelend mit Terrasse. Abrufbar unter:
http://www.nadir.org/nadir/periodika/jungle_world/_99/19/27b.htm